Fransceska

Peindre sur Bois

Boîtes Objets

Éditions Didier CARPENTIER

Sommaire

Introduction

Tous les objets en bois peuvent être peints.
Toutefois, leur préparation dépend de l'utilisation que vous désirez en faire.

Les magasins spécialisés proposent des petits objets en bois tout prêt à peindre, tels que coffrets, boîtes, œufs, etc.

Les objets de récupération, moulins à café, ustensiles de cuisine ou boîtes de rangement reprendront leur place dans la maison après avoir fait « peau neuve ».

Alors à vos pinceaux, pour l'art retrouvé de décorer les objets !

Généralités

Le matériel

Le matériel utilisé pour la peinture sur bois est simple mais nécessite certains investissements car vous devez le choisir de bonne qualité.
Vous le trouverez dans les boutiques spécialisées dans les Beaux-Arts et les loisirs créatifs.

Les objets et les boîtes à peindre

Tous les objets et boîtes en bois (ou en balsa) peuvent être peints. Vous les trouverez dans les rayons de loisirs créatifs, dans les grands magasins, chez les marchands de bois ou chez les brocanteurs.

La préparation des surfaces à peindre

Si l'objet a déjà été peint il faut le poncer ou le décaper. Pour cela, utilisez un décapant se présentant sous forme de gelée, que vous trouverez dans les quincailleries.

Travaillez de préférence dans un local bien aéré.

À l'aide d'un gros pinceau, étalez le produit en couche épaisse sur la surface à décaper. Laissez agir environ 30 mn, puis grattez avec une spatule pour enlever la peinture.

Rincez abondamment et brossez à l'aide d'une brosse en chiendent pour éliminer en totalité le décapant, afin qu'il ne puisse altérer la nouvelle peinture. Poncez avec du papier de verre fin.

Selon l'état des surfaces à peindre choisissez un enduit plus ou moins liquide. Étalez-le à l'aide d'une spatule. La pâte à bois est également idéale pour boucher les trous. Laissez sécher pendant quelques heures avant de poncer.

Appliquez ensuite une première couche de peinture d'apprêt blanche. Laissez bien sécher et poncez avec du papier de verre fin. Renouvelez deux ou trois fois l'opération afin d'obtenir une surface bien lisse.

Les peintures utilisées

Préparez une base de peinture blanche vinylique, méthode économique, que vous teinterez avec des colorants « universels ». Procédez par petites touches pour arriver à la couleur désirée sachant que ces colorants sont très puissants.

Si vous employez de la peinture à l'huile, la coloration en sera plus recherchée. Mais, dans tous les cas faites des essais à cause des temps de séchage et des contraintes de cette technique.

Les modèles présentés ici sont réalisés avec des peintures vinyliques, en pots, prêtes à l'emploi « spécial bois ». Ces peintures offrent une grande variété de couleurs et leurs tenues dans le temps est appréciable.

Pensez à préparer les mélanges en quantité suffisante, car vous aurez une grande difficulté à retrouver votre teinte. Conservez un peu de peinture pour les retouches. Refermez bien les pots après usage.

Le choix des pinceaux

Vous devez en avoir un certain nombre, de formes et de tailles variées, plats pour les fonds, ronds pour les motifs, leur grosseur dépend du travail que vous voulez effectuer. Préférez aux synthétiques des pinceaux en poil de martre plus agréables à l'emploi, mais plus coûteux. Pour un décor à l'eau le pinceau doit être souple. Pour l'huile, employez un pinceau plus raide.

Nettoyez-les immédiatement à l'eau après usage si vous avez utilisé de la peinture vinylique ou acrylique. Si vous avez employé de la peinture à l'huile, nettoyez-les à l'essence de térébenthine et au savon noir.

Faites-les sécher suspendus dans un bocal, les poils toujours dirigés vers le bas. Ne les laissez jamais tremper dans l'eau.

Le vernis

Vous trouverez dans le commerce plusieurs sortes de vernis :

- les vernis glycérophtaliques, mats ou brillants, très résistants
- les vernis polyuréthanes, mats ou brillants, très résistants et faciles à l'emploi mais plus longs à sécher
- les vernis en bombe (spécial bois) dont le séchage est très rapide

Dans tous les cas travaillez dans un local bien aéré et tempéré. Pensez à utiliser un masque.

Les vernis s'appliquent avec un pinceau doux et large sur une surface bien dépoussiérée. Laissez sécher la première couche. Poncez finement et très délicatement au papier de verre extra-fin. Passez ensuite une deuxième couche.

Les dégradés

Pour réaliser un dégradé, utilisez un pinceau plat et suffisamment large afin de travailler rapidement.

Commencez toujours par le haut de l'objet à peindre et par la teinte la plus foncée. Les couleurs doivent se fondre entre elles. Pour cela utilisez une peinture très « mouillée ».

Les pochoirs

Prenez du papier, du carton, ou du plastique en feuilles, suffisamment fort. Dessinez le décor de votre choix sans ajouter les détails. Évidez le motif à l'aide d'un cutter. Puis, avec de la peinture épaisse et à l'aide d'un pochon (sorte de petit blaireau à poils très durs) tenu à la verticale, tamponnez le pochoir.

Cette opération terminée, attendez que le tout soit bien sec et soulevez le pochoir très délicatement pour éviter que des bavures ne se produisent.

Vous pouvez également utiliser des objets courants pour faire des pochoirs (tamis, passoires, napperons, remonte-cornichons, dentelles, découpes d'emballages, peignes, bijoux, boucles de ceinture fantaisie, etc.)

Les pochoirs en papier ou en carton peuvent être encollés avec de la colle en bombe pour montages successifs afin d'adhérer mieux au support. Pour les objets en plastique, utilisez du ruban adhésif double-face qui permet de bien plaquer l'objet sur le support.

Les pochoirs donnent des résultats bons et rapides. Ils peuvent être utilisés en frise pour des encadrements, des bordures, des jeux de fonds, etc.

Les filets

Ils soulignent et entourent le motif décoré et apportent une touche de raffinement.

Pour les tracer, utilisez un pinceau souple et plat et une règle ou un trace-ellipse, sur lesquels vous ferez glisser la virole du pinceau (Partie métallique retenant le poil du pinceau).

La grille

À l'aide d'une brosse très dure (brosse à dents) frottez la peinture sur la grille, vous obtiendrez de cette manière de petites taches de couleurs.

Le report du dessin

Vous pouvez le faire à main levée si vous vous sentez suffisamment sûr de vous. Cependant il est plus aisé de prendre du papier calque et de reporter le motif choisi. Repassez le contour du dessin sur l'envers du papier calque. Appliquez-le ensuite sur le support dont le fond est préparé. Repassez les contours avec un crayon dur. Si le fond est noir tracez le motif sur l'envers du papier calque au crayon blanc.

L'aérographe

C'est un appareil qui permet de projeter de la peinture très finement à l'aide d'un petit pistolet à air comprimé.

Choisissez un appareil standard avec buses et godets interchangeables. Pensez à utiliser des masques et à travailler dans un local bien aéré.

Utilisez des peintures spéciales pour aérographe. Reportez-vous aux instructions du fabricant pour l'utilisation et l'entretien de votre appareil.

La technique fait appel à des masques comme pour le pochoir. Utilisez du film-masque repositionnable et indéchirable.

Le pulvérisateur à bouche

C'est un petit appareil très commode et très bon marché qui permet de projeter de fines gouttes de peinture.

Cet instrument qui complète bien la finesse du jet de l'aérographe, donne des effets intéressants, mais vous n'obtiendrez pas une grande précision quant à la surface à recouvrir.

Par ailleurs, il n'est pas fiable pour la taille des gouttelettes.

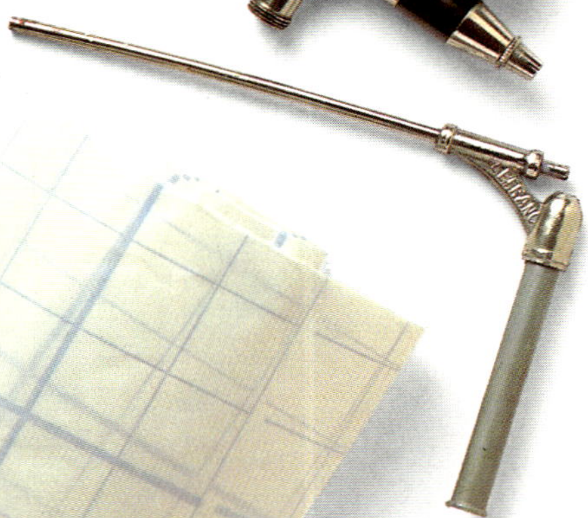

les BOÎTES

marguerite

Fournitures

- une boîte à camembert de Ø 11,5 cm
- un remonte-cornichons
- un pinceau fin
- un pochon
- un rouleau de ruban adhésif double-face
- du vernis à bois

Couleurs utilisées

- rouge fushia
- violet
- orangé
- jaune d'or
- vert émeraude
- vert printemps

Réalisation

Préparez les surfaces à peindre comme cela est expliqué dans les généralités en pages 6 et 7.
Prenez le remonte-cornichons, il vous servira de pochoir.
Positionnez-le sur le dessus du couvercle de la boîte à l'aide de quelques petits morceaux de ruban adhésif double-face.

Imprégnez le pochon de peinture assez épaisse et tamponnez.
Changez de couleurs en vous reportant à la photo et en prenant soin de bien rincer le pochon entre chaque application.
Décorez le tour du couvercle et celui de la boîte.
Terminez les détails au pinceau fin.
Vernissez et laissez sécher.

zinnia

Fournitures

- une boîte à camembert de Ø 11,5 cm
- un remonte-cornichons
- un aérographe
- un pinceau fin
- une bombe de colle
- du vernis à bois

Couleurs utilisées

- rose tyrien
- blanc
- du blanc liquide pour aérographe
- du rose liquide pour aérographe

Réalisation

Reportez-vous aux généralités en pages 6 et 7 pour la préparation des supports. Peignez le dessus du couvercle de la boîte en rose thyrien. Prenez le remonte-cornichons. Positionnez-le sur le couvercle à l'aide de la colle en bombe.

Préparez le blanc liquide pour aérographe. Dirigez le jet verticalement sur le contour du remonte-cornichons. Laissez bien sécher. Vaporisez ensuite le rose liquide. Dessinez les étamines et les détails à l'aide du pinceau fin.

bouquet de roses

boîte cœur

Fournitures

- une boîte en carton en forme de cœur
- un fond de boîte à fromage (type Reblochon)
- un pochon
- un pinceau fin
- un peigne
- une feuille de papier de verre fin
- du vernis cristal clair
- des paillettes dorées
- de la colle

Couleurs utilisées

- blanc
- rouge rubis
- rose tyrien
- vert
- violet de Bayeux
- or pâle

Réalisation

Pour préparer les surfaces, reportez-vous aux conseils en pages 6 et 7. Prenez le fond de boîte à fromage. Découpez-le en forme de cœur et collez-le sur le couvercle de la boîte. Imprégnez le pochon de peinture rose tyrien et appliquez la couleur en effectuant des petites rotations. Vous obtiendrez ainsi des petits ronds qui symboliseront les roses.
Laissez sécher et recommencez l'opération en changeant de couleur pour obtenir d'autres nuances.

À l'aide du pinceau fin dessinez le feuillage, le nœud et les petites touches de blanc. Ajoutez quelques paillettes dorées. Pour obtenir l'effet de dents, prenez le peigne et chargez-le en peinture à l'aide du pochon. Peignez le tour du couvercle et de la boîte en rose tyrien. Tracez le filet or.
Laissez bien sécher et vernissez.

bouquet de roses

bonbonnière

Fournitures

- une boîte en bois ronde de Ø 14 cm
- un pochon adapté à la grosseur des roses
- un pinceau fin et un moyen
- du vernis

Couleurs utilisées

- blanc
- rouge rubis
- rose tyrien
- vert
- violet
- or pâle

Réalisation

Préparez la boîte comme cela est expliqué en pages 6 et 7. Imprégnez le pochon de peinture rose thyrien et appliquez la couleur en effectuant des petites rotations. Vous obtiendrez ainsi des petits ronds qui symboliseront les roses.
Laissez sécher et recommencez l'opération en changeant de couleur pour obtenir d'autres nuances. À l'aide du pinceau fin, reprenez le contour des pétales afin qu'ils soient bien nets. Dessinez et peignez le feuillage, le nœud et les petites touches de blanc.
Laissez bien sécher et vernissez.

pivoine
coffret à bijoux

Fournitures

- une boîte (6 × 6 cm) au couvercle bombé
- des pinceaux en poil de martre
- du vernis

Couleurs utilisées

- rouge vermillon
- rose tyrien
- orange vif
- vert électrique
- noir
- blanc
- doré

Réalisation

Pour préparez les surfaces à peindre, reportez-vous aux explications en pages 6 et 7.
Commencez par peindre le corps de la boîte en noir.
Décorez ensuite le dessus du couvercle.
Peignez les fleurs en blanc et ajoutez plusieurs couches de rouge vermillon et de rose tyrien pour obtenir une bonne luminosité.
Faites le cerné des fleurs et les fioritures en doré.
Laissez sécher et vernissez.

paysage japonais

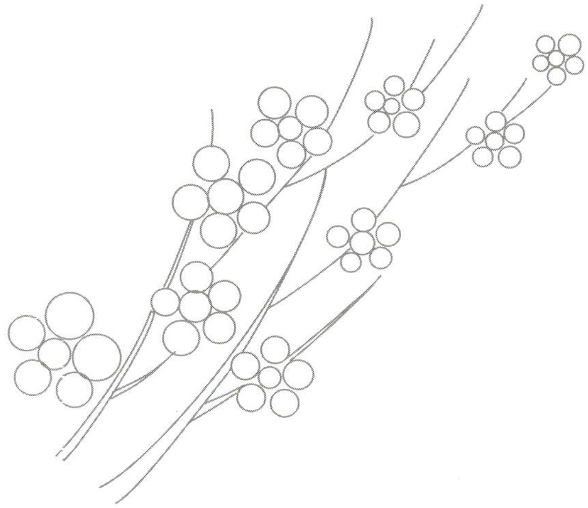

Fournitures

- une boîte au couvercle à glissière
- des pinceaux en poil de martre
- un aérographe
- du film-masque
- du vernis

Couleurs utilisées

- rose pâle
- rose indien
- blanc
- rouge grenat
- vert olive

Réalisation

Préparez la surface comme cela est expliqué en pages 6 et 7.
Découpez les pochoirs (lune, nuages, montagnes), dans le film-masque.
Commencez par faire la lune, puis les nuages en vaporisant un rose léger. Déplacez le masque de la montagne en changeant de couleurs. Faites ensuite la rivière sans oublier le reflet de la lune.
Dessinez les branches au pinceau ainsi que les fleurs et les oiseaux.
Laissez sécher et vernissez.

petits cœurs bleus

Fournitures

- une petite boîte ronde de Ø 10 cm
- un aérographe
- une boucle de ceinture fantaisie (pour le pochoir)
- une bombe de colle
- un pinceau en poil de martre
- du papier de verre fin
- du vernis

Couleurs utilisées

- blanc
- bleu turquoise (spécial pour aérographe)
- bleu sombre

Réalisation

Préparez les surfaces à peindre comme cela est expliqué en pages 6 et 7. Encollez la boucle de ceinture avec la colle en bombe et positionnez-la sur le couvercle de la boîte. Préparez la peinture bleu turquoise pour l'aérographe et vaporisez. Laissez sécher. À l'aide du pinceau en poil de martre dessinez les pétales de la marguerite centrale ainsi que les ronds en blanc et en bleu sombre. Vernissez et laissez sécher.

l'envol

Fournitures

- une boîte ronde de Ø 8,5 cm
- un aérographe
- du film-masque
- un pinceau fin en poil de martre
- un cutter
- un crayon
- une gomme
- du vernis

Couleurs utilisées

- blanc
- bleu de cobalt
- bleu turquoise
- rose
- vert émeraude

Réalisation

Préparez la boîte en vous reportant aux explications dans les généralités en pages 6 et 7. Avec le crayon dessinez les nuages et l'oiseau directement, mais très légèrement, sur le couvercle de la boîte.
Sur un morceau de film-masque, reportez le contour de l'oiseau. Sur un autre morceau de film-masque reportez une rangée de nuages. À l'aide du cutter évidez la forme de l'oiseau et celle des nuages.
Gommez l'oiseau et positionnez au même endroit le film-masque. Vaporisez à l'aérographe le contour de l'oiseau.
Positionnez ensuite le film-masque avec la rangée de nuages et pulvérisez un jet léger. Décalez ensuite ce film-masque vers l'extérieur et latéralement pour créer le relief. Vaporisez de nouveau. Répétez cette opération une troisième fois.
Reprenez au pinceau le contour des formes après avoir dessiné le feuillage et les fleurs que porte l'oiseau. Terminez en vernissant.

la chatte et ses chatons

Fournitures

- une petite boîte ronde de Ø 10 cm
- des pinceaux en poil de martre n° 0, 1 et 2
- un crayon
- une feuille de papier calque
- du vernis et un pinceau

Couleurs utilisées

- blanc
- jaune d'or
- rouge
- violet
- terre de Sienne naturelle
- terre de Sienne brûlée
- vert Véronèse

Réalisation

Préparez la boîte selon les explications présentées en pages 6 et 7.

Sur le papier calque, dessinez au crayon, le motif des chats et du feuillage fleuri. Reportez-le sur le couvercle. Bien entendu vous pouvez réaliser ce motif à main levée.

Commencez par peindre le fond en travaillant bien le dégradé de la partie supérieure. Pour obtenir le résultat photographié il faudra passer trois couches pour chaque couleur.

Peignez ensuite les chats et le feuillage fleuri en travaillant bien également les contrastes entre les parties claires et les parties foncées pour donner du relief. Terminez en vernissant.

Yin et Yang

Fournitures

- une boîte en bois de 10 × 10 cm
- un morceau de balsa de 10 × 10 cm
- de la colle à bois
- des pinceaux
- un cutter
- du vernis et un pinceau

Couleurs utilisées

- blanc
- rose
- bleu turquoise
- bleu marine
- vert

Réalisation

Dans le carré de balsa, reportez le rond et évidez-le.

Dans le rond obtenu, reportez les formes du puzzle et découpez-les.

Préparez les surfaces à peindre selon les conseils donnés en pages 6 et 7.

Peignez toutes les surfaces en aplat et séparément.

Vernissez-les et laissez sécher.

Collez le carré évidé sur le dessus de la boîte avec la colle à bois.

Posez les formes.

la jardinière et ses roses

Fournitures

- une boîte-plumier de 21 × 11 × 6,5 cm
- des pinceaux en poil de martre n° 0, 1 et 2
- du vernis

Couleurs utilisées

- rose tyrien
- blanc
- violet
- vert amande
- rouge grenat
- marron

Réalisation

Préparez les surfaces à peindre comme cela est expliqué en pages 6 et 7.

Poncez bien le couvercle de la boîte. Travaillez le ciel dans un dégradé où vous poserez simultanément le blanc pur à l'horizon et le rouge d'Orient dans lequel vous ajouterez un peu de violet permanent pour donner de l'intensité.

Procédez avec patience en faisant se rejoindre le rose le plus sombre avec le blanc le plus pur. Laissez sécher et poncez.

Recommencez ensuite cette opération plusieurs fois si cela est nécessaire.

Travaillez le décor en vous reportant à la photographie. Repassez minutieusement trois couches de peinture sur le décor afin d'obtenir l'opacité souhaitée. Terminez en vernissant.

coffret au médaillon

Fournitures

- un coffret de 25 × 14,5 × 6,5 cm
- du papier calque
- un crayon
- des pinceaux en poil de martre n° 0, 1 et 2
- du vernis

Couleurs utilisées

- rouge d'Orient
- rose tyrien
- bleu marine
- blanc
- vert printemps
- bleu
- noir

Réalisation

Préparez les surfaces à peindre en vous reportant au explications en pages 6 et 7. Commencez par peindre la couleur du fond en bleu.
Reportez les motifs à l'aide du papier calque et du crayon.
Travaillez les miniatures, les grosses fleurs et le drapé du rideau (voir photographie).
Laissez sécher et appliquez le vernis.

colombe

Fournitures

- un coffret à tiroir
  de 17 × 11,5 × 9 cm
- un pinceau fin
- une feuille
  de papier calque
- un crayon
- du vernis

Couleurs utilisées

- bleu turquoise
- des mauves légers
- des gris-bleu délavés

Réalisation

Préparez les surfaces à peindre en vous reportant aux conseils donnés en pages 6 et 7.

L'effet marbré est obtenu à partir de couleurs diluées plutôt liquides, posées les unes après les autres. Laissez couler harmonieusement la peinture en orientant la boîte sous différents angles. Essuyez le surplus.

Lorsque le fond marbré est bien sec reportez le dessin de l'oiseau et des fleurs à l'aide du papier calque et du crayon.

Posez les couleurs au pinceau fin.

Terminez en vernissant.

petite malle de printemps

Fournitures

- une petite boîte en forme de malle
- de la colle en bombe
- un aérographe
- un morceau de dentelle (genre brise-bise)
- du vernis

Couleurs utilisées

spéciales pour aérographe

- blanc
- bleu turquoise
- bleu outremer
- rose
- vert printemps
- vert oxyde de chrome

Réalisation

Préparez la surface à peindre en vous reportant aux pages 6 et 7.
Repérez l'endroit de la dentelle que vous souhaitez reproduire et encollez légèrement l'envers à l'aide de la bombe de colle.
Posez la dentelle encollée sur la partie à peindre sans la repositionner afin de ne pas laisser des dépôts de colle sur la surface.
Préparez les couleurs et faites un essai sur un morceau de papier avec une autre chute de dentelle.
Nettoyez bien la buse de l'aérographe entre chaque couleur.
Passez d'abord la couleur du ciel bleu turquoise avec un jet bien directionnel et sans hésitation. Repassez ce jet au moins deux fois.
Passez ensuite le rose pas trop près du bleu, puis le bleu outremer et enfin le vert printemps et le vert oxyde de chrome en prenant les mêmes précautions. Enlevez la dentelle en la soulevant doucement et en vous assurant que l'impression est suffisante.
Laissez sécher et passez un vernis mat ou brillant.

temps des souvenirs

Fournitures

- une boîte ovale en bois de 26 × 16 cm
- pochoirs divers (fond de passoire, bague, remonte-cornichons, boucle de ceinture, anneau de rideau, etc.)
- du vernis
- une bombe de colle
- un aérographe

Couleurs utilisées

spéciales pour aérographe

- ocre rouge
- jaune d'or
- terre de Sienne brûlée

Réalisation

Pour préparez les surfaces, reportez-vous aux explications données en pages 6 et 7.

Positionnez les pochoirs à l'aide de la colle en bombe afin qu'ils ne se déplacent pas.

Vaporisez la couleur par petites touches, juste pour bien délimiter les contours.

Les diverses superpositions de jets de couleurs couvriront la surface à décorer.

Laissez sécher et vernissez.

voguez voiles douces

Fournitures

- une boîte-plumier de 21 × 11,5 × 7,5 cm
- un aérographe
- une feuille de film-masque
- un cutter
- un pinceau fin
- du vernis

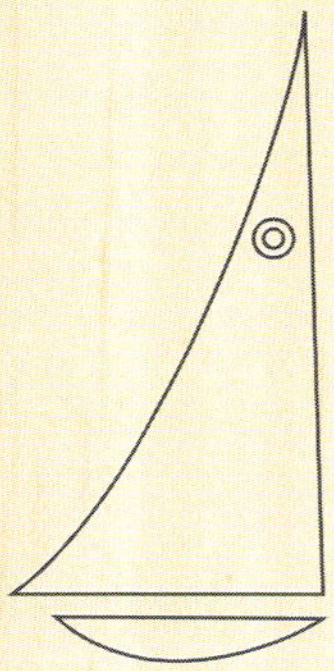

Couleurs utilisées

spéciales pour aérographe

- blanc
- bleu outremer
- bleu turquoise
- bleu de cobalt
- rouge rubis

Réalisation

Préparez les surfaces à peindre en vous reportant aux généralités données en pages 6 et 7. Sur un morceau de film-masque, dessinez et découpez les voiles. Positionnez-les sur le couvercle (elles devront rester en place jusqu'à la fin du travail).

Sur un autre morceau de film-masque dessinez les vagues de l'horizon et découpez-les au cutter. Soulevez la partie du ciel et faites une projection très fine et légère au niveau de l'horizon.

Sur la partie supérieure du couvercle, insistez au bleu de cobalt pour intensifier le ciel.

Descendez ensuite le masque d'environ 1,5 cm en le décalant pour former les vagues. Faites délicatement une projection dans le creux des vagues. Répétez cette opération jusqu'en bas du tableautin.

Découpez la vague dentelée du premier plan.

Positionnez-la et vaporisez par un dernier jet de bleu turquoise.

Enlevez les caches des voiles en vous aidant de la pointe du cutter.

En vous reportant au modèle, ajoutez avec le pinceau fin, les coques, les drapeaux, les cocardes et les mouettes.

Laissez sécher et vernissez.

la CUISINE

fleur spiralée

plateau

Fournitures

- un plateau en bois
  de 40 × 40 × 4,5 cm
  (ou du bois pour le fabriquer)
- une planche de contreplaqué
  de 35,5 × 35,5 × 0,5 cm
- une plaque de verre
  de 35,5 × 35,5 cm
  pour protéger le fond
- un pinceau en poil de martre
- un pulvérisateur à bouche
- une feuille de film-masque
- du vernis

Couleurs utilisées

- marron
- rouge brique
- blanc
- rose
- bleu foncé
- mauve
- marron
- orangé
  (pour les petites fleurs)

Peintures spéciales pour aérographe

- bleu lavande
- mauve
- vert amande
- jaune crème
- blanc

Réalisation

Les surfaces à peindre sont préparées selon les explications en pages 6 et 7. Sur le panneau amovible, positionnez le film-masque. Tracez le trait délimitant l'horizon. Enlevez la partie du ciel et passez le jaune crème. Placez de fines taches vertes, puis mauves en haut du ciel. Continuez ainsi et travaillez le bas en vert amande et bleu lavande. Harmonisez l'ensemble en pulvérisant du blanc.
Dessinez et peignez la grosse fleur ainsi que toutes les petites. Ajoutez les petites maisons. Peignez le tour du plateau en marron doré.
Laissez sécher et vernissez.
Posez la plaque de verre sur le fond.

franceske

boîte à sel

Fournitures

- une boîte à sel en bois blanc
- des pinceaux en poil de martre
- du vernis

Couleurs utilisées

- blanc
- noir
- vert bronze
- vert amande
- vert lumière
- bleu ciel
- bleu turquoise
- marron foncé
- rose tyrien

Réalisation

Préparez les surfaces à peindre comme cela est expliqué dans les généralités en pages 6 et 7.
Cette boîte est traitée dans un style aquarellé.
Peignez d'abord les grandes surfaces. Le ciel est obtenu avec un jus dilué de bleu turquoise.
Travaillez ensuite le corps de la boîte en peignant le feuillage et en commençant par peindre les verts bronze, puis les verts plus clairs sous formes de taches éparpillées.
Ajoutez les branches, puis les fleurs de magnolia. Dessinez la cheminée en trompe-l'œil et peignez les oiseaux.
Composez un fondu de marron pour peindre le couvercle (dessus-dessous) qui symbolise le toit de la maison.
Tracez les tuiles au pinceau. Travaillez la porte-fenêtre ainsi que les fenêtres sur le devant et les côtés.
Peignez le socle en marron et décorez avec la végétation.
Laissez bien sécher et vernissez.

égouttoir et spatule

Fournitures

- un égouttoir
  (ou une louche) en bois
- une spatule à crêpes
- des pinceaux
  en poil de martre
- du vernis
- un crayon

Couleurs utilisées

- bleu
- blanc
- rouge
- vert
- jaune

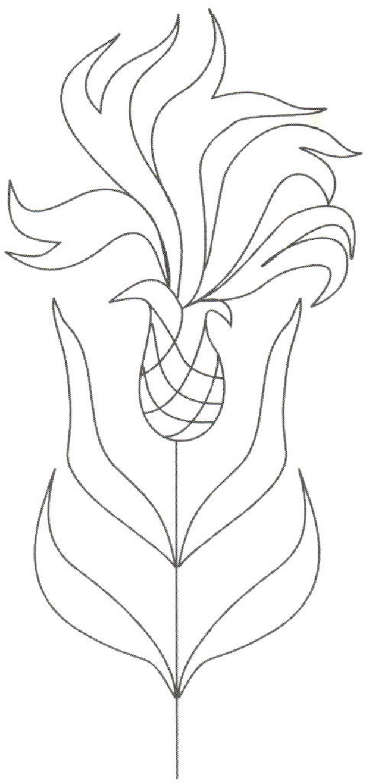

Réalisation

Préparez les surfaces à peindre selon les conseils donnés en pages 6 et 7.
Sur l'égouttoir ou la louche, tracez l'emplacement du nez, des yeux et de la bouche à l'aide du crayon.
Appliquez les dégradés de couleurs en procédant par couches successives jusqu'à l'effet désiré.
Laissez sécher et vernissez.
Pour le tracé et la mise en couleur de la spatule, reportez-vous au dessin et à la photographie.

moulin à café

Fournitures

- un ancien moulin à café
- des pinceaux en poil de martre
- du vernis

Couleurs utilisées

- blanc
- rouge foncé
- jaune mordoré
- vert
- rose
- terre de Sienne brûlée

Réalisation

Les surfaces à peindre sont préparées selon les conseils donnés en pages 6 et 7.

Commencez par peindre les fonds en rouge foncé.

Décorez ensuite chaque surface et le tiroir en vous reportant aux photographies présentées sur ces pages et en couverture de l'ouvrage.

Terminez par la poignée.

Laissez sécher et vernissez.

support
pour pack de lait ou de jus de fruits

Fournitures

- des pinceaux en poil de martre
- un support en bois acheté dans le commerce ou construit à partir de petites planches de bois
- du vernis

Couleurs utilisées

- rouge
- rose
- bleu
- blanc
- jaune

Réalisation

Préparez les fonds selon les conseils donnés en pages 6 et 7.
Peignez ensuite toutes les surfaces en rouge (endroit et envers).
Laissez sécher.
Reportez les dessins et décorez à l'aide des pinceaux.
Laissez bien sécher et vernissez.

extrait de café

Fournitures

- une bouteille en bois
  (type extrait de parfum ou élixir)
- des pinceaux en poil de martre
- du vernis

Couleurs utilisées

- bleu turquoise
- violet foncé
- mauve
- doré
- bleu pâle
- blanc
- rouge
- rose indien

Réalisation

Préparez les surfaces à peindre comme cela est expliqué en pages 6 et 7.
Couvrez la totalité de la bouteille en violet foncé et dessinez le décor ovale. Peignez ensuite le ciel en bleu pâle, puis le décor, en procédant par touches légères, des plus claires aux plus foncées (traité aquarelle). Inscrivez «Extrait de Café».
Tracez les filets rose indien, rouge et bleu turquoise ainsi que les points rouges.
Dessinez «Brésil», les points dorés et les grains de café. Laissez sécher et vernissez.

mesure à grains

Fournitures

- une mesure en bois
  d'environ 24 cm de hauteur
- des pinceaux en poil de martre
- du vernis

Couleurs utilisées

- bleu électrique
- violet foncé
- mauve
- doré
- bleu ciel
- blanc
- rose indien
- vert printemps
- jaune orangé

Réalisation

Les surfaces à peindre sont préparées selon les explications en pages 6 et 7. Travaillez en deux temps.

Côté anse à gauche

Commencez par peindre, dans son ovale, l'initiale «E» ou celle de votre choix.

Dessinez ensuite les pétales de la marguerite et le filet fin d'encadrement en rose indien.

Peignez la guirlande de fleurs et de feuilles en commençant par le fond bleu de l'ovale.

Terminez par le large filet en rose indien.

Côté anse à droite

Peignez les drapeaux en les disposant suivant la configuration géographique du globe.

Dessinez ensuite la végétation sur la partie inférieure.

Peignez enfin la totalité du fond en violet foncé.

Laissez sécher.

Décorez avec les étoiles filantes en doré.

Laissez sécher et vernissez.

armoire aux clefs

Fournitures

- une armoire pour ranger les clefs
- des pinceaux fins
- une feuille de papier calque
- un crayon
- un aérographe
- du vernis

Couleurs utilisées

- violet
- rose
- vert
- blanc

Réalisation

Préparez les surfaces à peindre selon les conseils donnés en pages 6 et 7.

Commencez par faire le fond dégradé à l'aérographe.

À l'aide du crayon et du papier calque reportez le dessin sur la porte de l'armoire.

Appliquez les couleurs (du plus clair au plus foncé).

Terminez par le vernis.

les OBJETS DIVERS

miroir de printemps

Fournitures

- un miroir avec son cadre en bois
- des pinceaux en poil de martre
- un aérographe
- une feuille de film-masque
- du vernis

Couleurs utilisées

- blanc
- rose indien
- vert amande
- rose tendre
- rouge grenat

Réalisation

Préparez en premier lieu la surface à peindre selon les explications données en pages 6 et 7.

Commencez par peindre la totalité de l'encadrement en rose indien, puis la baguette entourant le miroir en rose tendre.

Dans la feuille de film-masque, évidez un demi-cercle.

Positionnez cette feuille sur la partie supérieure de l'encadrement.

Peignez le fond de ce demi-cercle en blanc.

Pulvérisez ensuite à l'aérographe du rose indien pour obtenir le ciel.

Laissez sécher et ôtez le film-masque.

À l'aide des pinceaux dessinez le village, les guirlandes de fleurs et la végétation du premier plan.

Tracez les trois filets de contour du dessin.

Laissez sécher et vernissez.

Montez le miroir.

miroir d'automne

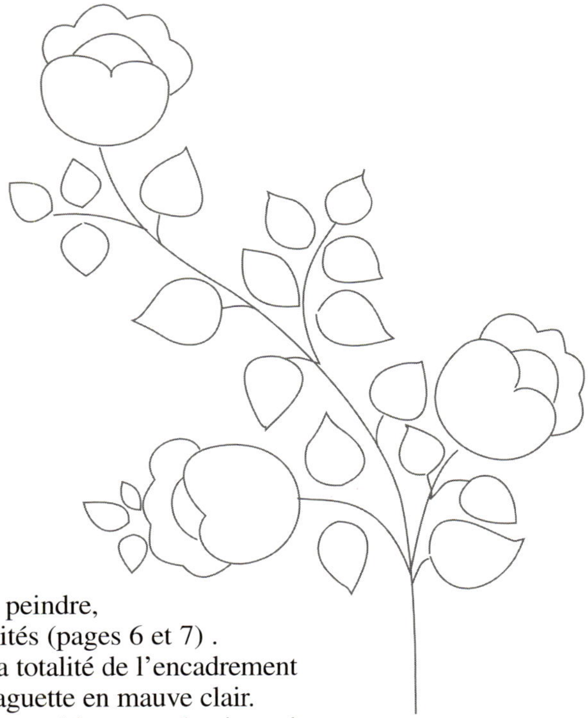

Fournitures

- un miroir avec son cadre en bois
- des pinceaux en poil de martre
- du vernis

Couleurs utilisées

- blanc
- orange Bruegel
- jaune d'or
- rose doré
- mauve foncé
- mauve clair
- rouge carmin
- rose intense (cerne)
- violet d'Égypte

Réalisation

Pour préparer la surface à peindre, reportez-vous aux généralités (pages 6 et 7) . Commencez par peindre la totalité de l'encadrement en mauve foncé, puis la baguette en mauve clair. Travaillez ensuite la partie supérieure en demi-cercle. Peignez le fond de ce demi-cercle en dégradé mauve, du plus foncé au plus clair. Dessinez les montagnes, puis le village et enfin les guirlandes de roses. Terminez par les fleurs blanches et le filet du contour du dessin en rose intense. Laissez sécher, vernissez et montez le miroir.

grande assiette naïve

Fournitures

- une assiette en bois de Ø 35 cm
- des pinceaux en poil de martre
- du vernis

Couleurs utilisées

- rose
- mauve
- blanc
- vert olive
- vert printemps
- violet d'Égypte

Réalisation

Préparez la surface à peindre selon les conseils donnés en pages 6 et 7.
Commencez par peindre le ciel en rose dégradé.
Peignez ensuite le sol, ajoutez le paysage, l'oiseau, la guirlande de feuilles et la végétation du premier plan.
Peignez l'aile de l'assiette et décorez-la d'une frise de fleurs coordonnées.
Laissez bien sécher et vernissez.

cuvette décorative

Fournitures

- une cuvette en lamelles de bois de Ø 35 cm
- des pinceaux en poil de martre
- du film-masque
- un aérographe
- un cutter
- du vernis
- une feuille de papier à dessin
- de la colle

Couleurs utilisées

- bleu électrique
- violet foncé
- mauve
- doré
- bleu ciel
- blanc

Réalisation

Préparez les surfaces à peindre en ponçant bien pour enlever le vernis. Commencez par peindre entièrement la cuvette en violet foncé. Décorez-la en faisant les étoiles en doré, les feuilles en bleu électrique et les herbes en mauve. Inscrivez les prénoms de votre choix. Laissez sécher et vernissez.

Procédez ensuite à la décoration du fond en découpant un rond de 19 cm de diamètre dans la feuille de papier à dessin. Sur ce rond faites le fond en bleu ciel, à l'aérographe. Dessinez ensuite les motifs en commençant par celui du centre. Peignez la marguerite, les personnages et les fleurs. Pour plus de facilité vous pouvez confectionner des pochoirs pour tous les motifs. Laissez bien sécher le papier et collez-le au fond de la cuvette. Vernissez l'ensemble

boomerang

Fournitures

- un boomerang (rayon jouets)
- un pinceau fin
- du vernis

Couleurs utilisées

- blanc
- bleu
- rouge brique

Réalisation

Préparez les surfaces à peindre comme cela est expliqué dans les généralités en pages 6 et 7.

Commencez par peindre le fond en rouge brique.

À l'aide d'un pinceau fin, peignez les oiseaux et les bandes en blanc.

Ajoutez sur ces dernières le rouge et le bleu.

Laissez bien sécher et vernissez.

les gros œufs

Fournitures

- deux gros œufs en bois (hauteur 16 cm)
- des pinceaux en poil de martre
- un aérographe
- du film-masque
- du vernis

Couleurs utilisées

- blanc
- rose
- orangé
- mauve
- bleu

Réalisation

Pour la préparation des surfaces reportez-vous aux explications des pages 6 et 7.

Ces modèles se réalisent de la même manière que le petit œuf du modèle *Lucile* présenté en page 59.

Préparez les pochoirs.

Commencez par peindre la partie supérieure (ciel et nuages) en blanc et en bleu en déplaçant les pochoirs.

Travaillez les fleurs, les feuilles, la végétation et les animaux.

À l'aide d'un pinceau fin, cernez les motifs pour leur donner du relief.

Laissez sécher et vernissez.

encadrement photo

Fournitures

- un cadre-photo vierge en bois
- des paillettes dorées

Couleurs utilisées

- bleu foncé
- marron rouille
- doré pâle
- doré vieilli

Réalisation

Tout est fait avec les doigts de la main.

Tapotez d'abord les couleurs bleu et marron rouille.

Puis, dans les espaces restants, posez le doré pâle et le doré foncé en même temps avec deux ou trois doigts.

Saupoudrez de paillettes argentées.

Éliminez le surplus.

Laissez sécher et vernissez.

décorations de Noël

Fournitures

- 2 morceaux de balsa de 12 × 12 cm ou 2 fonds de boîte à fromage (type Reblochon)
- 2 morceaux de cartonnette de 12 × 12 cm
- 2 rubans de 15 cm (coloris assortis)
- des pinceaux en poil de martre
- de la colle à bois
- un cutter
- du vernis

Couleurs utilisées

- or
- orangé
- rose foncé
- jaune
- vert foncé
- bleu clair
- bleu foncé
- orange
- rouge vif
- rouge carmin

Réalisation

Dans des morceaux de balsa (ou fonds de boîte), reportez les deux formes du cœur.

Découpez-les.

Préparez les surfaces à peindre en suivant les conseils des pages 6 et 7.

Peignez les fonds.

Reportez les motifs des fleurs et peignez-les.

Terminez les bords par un filet or.

Dans la cartonnette, reportez et découpez la forme des cœurs.

Collez-les au dos des cœurs peints en prenant soin d'insérer les rubans qui serviront d'attaches de suspension.

Terminez par la pose du vernis.

les

CADEAUX

PERSONNALISÉS

Mathieu
plumier au drapeau

Fournitures

- un plumier
- des pinceaux en poil de martre
- du vernis

Couleurs utilisées

- bleu pétrole noir
- vert olive
- blanc et doré
- jaune
- bleu électrique
- rouge
- doré

Réalisation

Pour la préparation des surfaces à peindre, reportez-vous aux conseils des pages 6 et 7.

Ôtez le couvercle.

Recouvrez entièrement le corps du plumier en bleu pétrole noir.

Travaillez ensuite le couvercle en faisant un dégradé sombre, presque noir, du ciel à la terre.

Peignez le village, les arbres en blanc, puis le drapeau aux couleurs du pays de l'enfant.

Tracez la route, la végétation et le prénom de votre choix.

Laissez sécher et vernissez.

Narcisse

plumier aux fleurs

Fournitures

- un plumier
- des pinceaux en poil de martre
- du vernis

Couleurs utilisées

- bleu de Prusse
- bleu électrique
- violet foncé
- blanc
- jaune citron
- orangé
- vert
- rose

Réalisation

Préparez les surfaces à peindre comme cela est expliqué en pages 6 et 7.

Ôtez le couvercle. Recouvrez le corps du plumier en bleu de Prusse ainsi que les logements intérieurs avec des couleurs variées.

Travaillez ensuite le couvercle en faisant un dégradé pour le fond. Peignez le sol en vous reportant à la photographie, ainsi que les narcisses, la végétation et le village.

À l'aide d'un pinceau fin, faites des petits points pour symboliser la neige et inscrivez le prénom de votre choix.

Laissez sécher et vernissez.

Franceska
bonbonnière

Fournitures

- une boîte à camembert de Ø 11,5 cm
- une feuille de film-masque
- un cutter
- un pulvérisateur à bouche
- un pinceau fin
- du vernis

Couleurs utilisées

- bleu turquoise
- violet
- blanc
- jaune d'or
- un flacon de doré

Réalisation

Reportez-vous en pages 6 et 7,
pour la préparation des surfaces à peindre.

Dans la feuille de film-masque, découpez un rond dont le diamètre est égal à celui du couvercle de la boîte.

Sur ce rond dessinez huit petits cœurs. Évidez-les à l'aide du cutter.

Conservez bien les formes de cœurs que vous venez de découper.

Positionnez le gabarit sur le couvercle et projetez la peinture bleu turquoise à l'aide du pulvérisateur à bouche. Ôtez le gabarit et laissez sécher.

Replacez les formes de cœurs sur leurs propres traces peintes. Pulvérisez légèrement en violet. Éclaircissez le centre en faisant un apport de peinture blanche.

À l'aide du pinceau, tracez le prénom de votre choix, en violet rehaussé de doré. Décorez les cœurs en dessinant des petites roses et des primevères pour le fond. Terminez par le vernis.

Margot

boîte à musique

Fournitures

- une boîte fermant à clé équipée d'un mécanisme à musique
- des pinceaux en poil de martre
- du vernis

Couleurs utilisées

- blanc
- rose
- marron
- noir
- gris
- vert
- orangé
- doré

Réalisation

Pour la préparation des surfaces à peindre, reportez-vous aux conseils donnés en pages 6 et 7.

Commencez par peindre le corps de la boîte en marron.

Décorez ensuite le dessus du couvercle en réalisant les dégradés du ciel et de la terre.

Dessinez et peignez la pie, ajoutez les roses, les feuillages et la végétation au sol.

Terminez en rehaussant par quelques points dorés.

Tracez le filet d'encadrement.

Laissez sécher et vernissez.

Nicolas

bilboquet

Fournitures

- un bilboquet avec cordelette
- du vernis
- des pinceaux en poil de martre
  et synthétiques

Couleurs utilisées

- blanc
- rose
- mauve
- violet
- orangé
- jaune
- vert
- doré

Réalisation

Reportez-vous aux conseils des pages 6 et 7, pour la préparation des surfaces à peindre.

Peignez la boule en commençant par le haut.

Dessinez les pétales puis les sépales.

Décorez le socle.

Inscrivez le prénom de votre choix.

Laissez sécher et vernissez.

Alexandre

pot à crayons

Fournitures

- un pot à crayons
- des pinceaux en poil de martre
- un pochon
- du vernis

Couleurs utilisées

- blanc
- rose pâle
- marron
- noir
- vert
- orangé

Réalisation

Pour la préparation des surfaces, reportez-vous aux conseils donnés en pages 6 et 7.
Recouvrez l'intérieur du pot en marron.
Décorez l'extérieur en réalisant d'abord le ciel en dégradé. Commencez par le rose pâle, puis l'orangé et enfin le marron. Ajoutez les montagnes et les maisons. À l'aide d'un pinceau fin, tracez les branches des arbres. Peignez les fleurs et les feuilles au pochon. Faites les herbes. Inscrivez le prénom de votre choix. Laissez sécher et vernissez.

Pauline
« souvenirs d'enfance »

Fournitures

- une petite boîte ronde Ø 4 cm avec couvercle
- une boîte-plumier de 6,5 × 5,5 cm
- des pinceaux en poil de martre
- du vernis

Couleurs utilisées

- rose indien
- rose pâle
- blanc
- vert émeraude
- doré
- orangé
- rouge grenat
- jaune

Réalisation

Préparez les surfaces à peindre en vous reportant aux conseils donnés en pages 6 et 7.

Retirez les couvercles et peignez entièrement le corps des boîtes en rose indien.

Travaillez ensuite les décors, inscrivez les messages et le prénom de votre choix à l'aide d'un pinceau fin.

Laissez sécher et vernissez.

Lucile

coquetier et son œuf

Fournitures

- un coquetier et un œuf en bois
- des pinceaux en poil de martre
- un aérographe
- une feuille de film-masque
- du vernis
- un cutter

Couleurs utilisées

Le coquetier
- rose indien
- jaune fluo
- blanc
- rouge grenat et rouge vif
- orangé

L'œuf (peintures liquides pour aérographe)
- blanc
- rose
- orangé
- mauve
- vert olive et vert foncé
- rose indien

Réalisation du coquetier

Préparez les surfaces comme cela est expliqué en pages 6 et 7.
Recouvrez entièrement le coquetier
(intérieur et extérieur) en rose indien.
Pour obtenir une bonne opacité, trois couches sont nécessaires.
Après séchage, commencez par peindre le poussin en blanc,
puis en jaune fluo et dessinez les détails.
À l'aide d'un pinceau fin, inscrivez le prénom de votre choix.
Peignez d'une main légère, les fleurs, les feuilles et les enluminures.

Réalisation de l'œuf

Commencez par peindre l'œuf en blanc.
Dans la feuille de film-masque, préparez les pochoirs.
Un pour les nuages, un deuxième pour l'oiseau,
un autre pour les fleurs et le dernier pour le feuillage.
Découpez les formes à l'aide du cutter.
Travaillez d'abord les nuages en rose en déplaçant le pochoir.
Positionnez les formes des fleurs et passez le jet orangé.
Procédez de la même manière pour l'oiseau, ainsi
que pour le feuillage vert clair qui lui, sera traité légèrement flou.
Laissez bien sécher et dessinez au pinceau les feuilles en vert foncé
ainsi que les petites touches roses et orangé. Terminez par le vernis.

Marine

boîte à bonheur

Fournitures

- un coffret 5 tiroirs de 27 × 12,5 × 10 cm
- des pinceaux en poil de martre
- du vernis

Couleurs utilisées

- vert fluorescent
- jaune fluorescent
- rose
- blanc
- rouge
- mauve
- violet
- bleu électrique
- cobalt et de Prusse

Réalisation

Pour les surfaces à peindre, reportez-vous aux conseils donnés en pages 6 et 7. Ôtez les tiroirs et commencez par peindre tous les fonds unis (façades), ainsi que l'intérieur.
Pour obtenir la couleur verte, préparez un mélange de jaune et de vert fluorescents.
Peignez le corps de la boîte, puis les faces des tiroirs en vous reportant à la photographie.
Décorez ensuite à l'aide d'un pinceau fin, les guirlandes, les points, les filets et les fleurs.
Dessinez les textes et le prénom de votre choix.
Laissez sécher et vernissez.

Duo

Fournitures

- une petite boîte à crayons de 21 × 7 cm
- des pinceaux fins
- une feuille de papier calque
- un crayon
- du vernis

Couleurs utilisées

- orangé
- blanc
- rose
- rouge grenat
- vert étain

Réalisation

Préparez les surfaces à peindre en vous reportant aux explications données en pages 6 et 7.

À l'aide du crayon et du papier calque reportez le dessin sur le couvercle.

Appliquez les couleurs.

Terminez en vernissant.